Aylak Adam
Aforizma

ISBN: 978-605-9115-90-2
Sertifika No: 27938

1. Basım: Kasım 2015

Yayın Yönetmeni: Kaya Tokmakçıoğlu

Baskı: Yıkılmazlar Basım Yay. Prom. ve Kağıt San.
Matbaa Sertifika No: 11965

Aylak Adam Kültür Sanat Yayıncılık
Merkez Mah. Kesir Sok. Çakmak Apt. No: 5/4 Çekmeköy/İstanbul
Tel: (0216) 640 1979 / (0542) 586 7961

bilgi@aylakadamyayinlari.com
aylakadamyayinlari.com
facebook.com/aylakadamyayinlari
twitter.com/aylakadamyayin

EN ÇOK KENDİSİNE YABANCIDIR İNSAN

MARQUIS de SADE

aforizmalar

çeviren
hakan akdoğan

AYLAK ADAM

Doğa insana iyi gelecek duygulardan, davranışlardan başka bir şey esinlemez; Doğa'dan daha bencil hiçbir şey olamaz; o halde biz de bencil olup onun kurallarına uyacağız.

§

Hırsızlığı ele alalım. Zenginin bakış açısından, bu, şüphesiz korkunç bir suçtur. Ama bunu bir kenara koyarak, kendimize cumhuriyetçiler olarak soralım: bütün insanların eşit olduğu ilkesini savunan bizler, sonuçta zenginliğin daha eşit dağılımı etkisi yaratan bir davranışı yanlış olarak değerlendirebilir miyiz? Hırsızlık ekonomik dengeyi destekler: hiç kimse zenginin fakirden çaldığını duymaz, böylelikle ekonomik dengesizlik azıtır; sadece fakir zenginden çalar, böylece ekonomik dengesizlik düzelir. Bunda yanlış ne olabilir ki?

Doğa her birimize içten duygularımız için bir kapasite bahşetmiştir: bunu başkaları üzerinde israf etmeyelim.

§

Bazı kişiler diğerlerine acımasız görünebilir ama bu sadece bir yoldur, daha insancıl olmak ve daha derinden hissetmek adına, kendilerinin bildiği.

§

Doğa'nın amaçları arasında insanın utangaç olması gerektiği bulunsaydı, bizi dünyaya kesinlikle çıplak getirmezdi; medeniyet açısından bizden daha geri olan bir sürü halk çıplak dolaşmakta ve bundan hiçbir utanç duymamakta...

Bu küçük çamur yığınının yüzeyine bir anlığına fırlatılmış sefil yaratıklar; sürünün bir yarısının diğer yarısının işkencecisi olması kararı mı verildi? Neyin iyi neyin kötü olduğunu ilan etmek size mi düştü?

§

Tanrı öz oğlunu dananın böğrü gibi astı. Bana yapabileceklerini düşünmek tüylerimi ürpertiyor.

§

Erdemi tanımak için önce ahlâksızlıktan haberdar olmalıyız.

...filozof küçük insani kibirleri pohpohlamaz, onun aradığı şey hakikattir, filozof ahmakça kibir kavramları içinde hakikati ayrımsar, ortaya çıkarır, detaylarına iner ve hiç çekinmeden onu şaşkın dünyaya sunar.

§

Diyorsun ki, düşünce tarzım tasvip edilemez. Umursadığımı mı sanıyorsun? Başkaları için bir düşünce tarzı benimseyen ne zavallı bir ahmaktır!

§

Ya beni öldür ya da olduğum gibi kabullen zira değiştirilirsem lanetlenirim.

Kendisine rağmen bu hazin dünyaya fırlatılmış İnsan denen zavallı kimse, ancak beğenilerinin ve fantezilerinin kapsamını genişleterek, her şeyi hazza feda ederek, hayatın dikenleri arasından birkaç gül toplayabilir.

§

Hazza ulaşmanın yolu sadece acıdan geçer.

§

Bizi yönlendiren ilkel dürtülerimizi takip ettiğimiz için Nil'in taşkınlarından ya da denizin dalgalarından daha fazla suçlu değiliz.

Cinsel haz, bana göre, diğerlerine bağlı olan ama tümünün birleştiği bir tutkudur.

§

Yaşam için omurilik sıvısı neyse şehvet de diğer tutkular için odur; tümünü canlı tutar, tümüne kendisinde bulunan ihtiras, gaddarlık, tamahkârlık, intikam gücü verir.

§

Din adamları tarafından yorumlanan kavramlara dayanarak, Tanrı'nın birçok insanı adeta kalabalık cehennem görüşüyle yarattığı sonucuna varmalıdır.

Tanrı yoktur, Doğa kendisine yeter; asla bir yaratıcıya ihtiyacı yoktur.

§

Hayal gücünün hazları ne kadar da enfestir! Bu enfes anlarda bütün dünya bizimdir; hiçbir varlık bize direnemez, dünyayı yerle bir ederiz, yok ettiklerimizi ürettiğimiz yeni nesnelerle tekrar kurarız. Her suç aracı bizimdir, hepsini kullanırız, dehşeti yüze katlarız.

§

Bütün evrensel ahlâk kuralları yararsız fantezilerdir.

Çirkinlik sıradışı bir şeyken güzellik basitin, bayağının alanındadır ve çapkınlıkla ilgili her ateşli imgelem sıradışını sıradana tercih eder.

§

Acısız seks, lezzetsiz bir yemek gibidir.

§

Düşünce biçimimin tahammül edilemez olduğunu söylüyorsun. Ne fark eder? Düşünce biçimini başkalarına uygun olsun diye değiştiren ahmaktır. Düşünce biçimim fikirlerimin sonucudur. Varoluşumun içsel tarafının bir parçasıdır. İstesem bile onları inkâr etmem.

Gövden, Doğa'nın saygı gösterilmesini istediği kilisedir.

§

"Seks" yemek veya içmek kadar önemlidir ve bir arzunun en az diğeri kadar az kısıtlamayla veya sahte tevazuyla tatmin edilmesine izin vermek zorundayız.

§

Ahmakların suç olarak adlandırdığı şeylere gün boyunca yeterince bulaştıktan sonra yediğim yemek daima en lezzetlisi, uyuduğum uyku daima en huzurlusudur.

Onun hatalarının kurbanı olmak istiyorum.

§

Burada yaptıklarımız, yapmak istediklerimizin sadece bir yansısıdır.

§

Bir hatırlayalım, Kutsal Kitap'ta zevksiz masallar olmasına rağmen –Sodom ve Gomora, örneğin– Doğa'nın ikiyüzlülüğü yoktur; oğlancılık için iştah yaratıp sonra da yasaklamaz. Bu mantıksız yasaklama, seksi, kendi embesil türlerinin devamını sağlamak adına bir araçtan öte göremeyen embesillerin işidir.

Kalp nedir, bilmiyorum, ben bilmem: Kelimeyi sadece zihnin kırılganlığını vurgulamak için kullandım.

§

Mutsuzluklarıma benim düşünce tarzım değil diğerlerinin düşünme tarzı neden oldu.

§

Budalaların önyargılarını küçümseyen mantıklı kişi budalaların düşmanı olur; kaçınılmazı beklediği kadar da ona gülebilmelidir.

Kimsenin görmediği kadar ahlâksız bir hayal gücüyle, buyurgan, huysuz, öfkeli, her şeyde aşırı, bağnazlığa varacak derecede tanrıtanımaz, az ve öz olarak buyum, ve beni tekrar öldürün ya da olduğum gibi kabullenin çünkü değişmeyeceğim.

§

Tutkularım güneş ışınlarını toplayan büyüteç gibi tek noktaya odaklanır: yollarına çıkan ne olursa olsun aniden yakarlar.

§

Kanunlarınızı, cezalarınızı, geleneklerinizi kaldırın; vahşiliğin hiçbir tehlikeli yanı kalmaz, zira ona karşı gelinmedikçe asla harekete geçmez...

Kişi diğerinin arzu nesnesine şiddet uygulamalıdır; teslim olduğunda haz daha büyük olacaktır.

§

Dinler despotizmin beşikleridir.

§

İnançlarınız bu kadar hassas mı ki benimki onların karşısında duramıyor? Tanrı'nız bu kadar boş mu ki Şeytanımın varlığı yetersizliğini ortaya çıkarıyor?

§

Aşk gururdan daha güçlüdür.

Yıkım da yaratım gibi Doğa'nın emirlerinden birisidir.

§

Karşılıklı sevgi Doğa'da olsaydı, kan bağı boş bir inanç olmaktan çıkardı; çocuklarını hiç görmeyen aileler, onları hiç tanımadan ayırt edip onlara hayranlık duyabilir; aynı şekilde çocuklar da kalabalığın arasından meçhul babalarını fark edip kucaklarına atlayıp, onlara tapabilirlerdi.

§

Çoktan söylemiştim: bir kadının kalbine giden yol işkenceden geçer. Ondan daha kesinini bilmiyorum.

Doğa kızacağı bir şeyi tavsiye eder mi?

§

İnsan zihninin sınırlarının ve kavrayışının ötesindeki herhangi bir şey illüzyon ya da abesle iştigaldir çünkü tanrınız ya birincisidir ya da diğeridir. İlkinde ona inanmak için deli olmalıyım, ikincide de budala.

§

Tutkularımızın ortaya çıkardığı her şeye ayrım gözetmeksizin kucak açarsak her zaman mutlu olacağız... Törel bilinç Doğa'nın değil, sadece önyargının sesidir.

Olduğumuzdan başka birisine dönüşebilir miyiz?

§

...görevin ağır olacak, acı dolu ve ıstıraplı, en hafif kabahatler anında fiziksel ve acı dolu cezasını bulacaktır; dolayısıyla, sana arzularımızın duyduğu ama bizim kulak arkası ettiğimiz anlık hassasiyeti, itaati ve bütüncül bir özveriyi önermeliyim. Bırak bunlar ilkelerin olsun, onların buyruklarını yerine getirmek için çabala, önceden tahmin et onları, ortaya çıkmalarını sağla...

§

Tutkuları yasaklayan yasalar tehlikeli değil mi? İstediğiniz herhangi bir ülkede yasalara saygının en çok olduğu asırları kargaşayla dolu olanlarla kıyasladığınızda, yasaların suspus olduğu dönemlerde en büyük eylemlerin ortaya çıktığını göreceksiniz.

"Yığınla insan var," diye gözlemlemeye alışkındı Dük, "şehvet onları belaya itekledı̇ğinde edepsizlik yapmayan yığınla insan; ateş bu insanların bedenlerinin dışına çıkar, sakin ruhları huzurla fazilet yoluna girer ve böylelikle nifaktan günaha, günahtan da pişmanlığa giden hayatlarıyla dünyada canlandırdıkları rollerinin ne olduğunu anlatamayacakları biçimde günlerini geçirirler. Bu gibi kişiler," diye devam ederdi, "kesinlikle zavallıdırlar: ebediyen serseri, mütemadiyen kararsız, bütün hayatları her sabah önceki gece yaptıklarından iğrenmekle geçmiş. Bir anda dönüştükleri 'suçta erdemli, erdemde suçlu' türde, tadına vardıkları hazlardan tövbe edeceklerini bilerek, hazları titreyerek alırlar.

Hayal gücü hazların mahmuzudur... Tamamen ona dayanır, her şeyin kaynağıdır; şu halde kişi eğlenceyi hayal gücünün vasıtasıyla deneyimlemez mi? En coşkulu hazlar hayal gücüyle ortaya çıkmaz mı?

§

Hayat fahişedir, bu yüzden zevk almaya bakın.

§

En mükemmel teslimiyetçilik kaderindir, hepsi bu.

İnsanlar ölümsüz olsalardı, Doğa için yeni bireyler yaratmak imkânsız olmaz mıydı? Eğer Doğa varlıklara ölümsüzlük bahşetmediyse, yok olmaları Doğa'nın kanunlarından biridir. Doğa için yok etmek vazgeçilemeyecek kadar gerekliyse ve ölümün ona sağladığı bu fayda olmadan yaratamıyorsa, bu noktada ölümle ilintili bulduğumuz yok etme düşüncesinin gerçek olmadığını anlarız; gerçek bir yok oluş yoktur; canlıların sonu olarak nitelendirdiğimiz şey gerçek bir son değildir artık, basit bir dönüşüm, maddenin mutasyonu, bütün modern filozofların Doğa'nın birincil yasalarından olduğunu bildikleri bir durumdur. Bu yadsınamayacak ilkelere göre, ölüm, bir biçim değişikliğinden ötekine, bir varlıktan diğerine geçmekten ve Pisagor'un "ruh göçü" olarak adlandırdığı şeyden ötesi değildir.

Yüce miydi, kudretli miydi, adil miydi, iyi miydi, bana bu Tanrı'yı anlat; onu tanımamı ve ona kulluk etmemi bilmeceler ve maskaralıklar üzerinden mi sağlamayı umuyor?

§

Gerçek, hayal gücüne edebiyattan çok daha az zevk verir.

Her şeyin bana uyum sağlaması gerektiğini düşündüm ki bütün evren fantezilerimi şımartsın ve istediğim zamanda onları tatmin etme hakkına sahip olayım.

§

Saçma ve boş varlık, tek başına adın, dünya yüzünde olabilecek herhangi bir siyasal savaştan daha çok kan akmasına neden oldu. İnsanların çılgın umut ve gülünç korkularının kazayla ortaya çıkmana neden olduğu hiçliğe geri dön. Senin hakkında konuşmayı düşünen ilk embesili boğazlasalardı dünya hangi suçlardan bağışlanacaktı?

İnsan nedir ve insanla bitkiler arasındaki, insanla hayvanlar arasındaki fark nedir? Elbette hiç fark yoktur. Onlar gibi rastlantı sonucu dünyaya yerleştirilmiş, onlar gibi doğmuş, üremiş, çoğalmış ve azalmış, onlar gibi yaşlanmış ve Doğa'nın organik yapıları nedeniyle her hayvan türüne uygun gördüğü yaşam süresinin sonunda hiçlikte kaybolmuştur.

§

Tanrı dünyada erdemin zulüm görmesine izin veriyorsa onun niyetini sorgulamak bize düşmez.

§

...erdemle övünülmemeli, kötülükten pişmanlık duyulmamalı, iyi bir insan olarak doğmuş olmak dururken, bir suçlu yarattığı için Doğa'yı suçlamamalı; o kendi görüşlerine, tasarılarına ve ihtiyaçlarına göre davrandı: buna boyun eğilmeli.

Doğmadan önce, biçimsiz maddenin ayırt edilemez bir parçasından başka bir şey değildin. Ölümden sonra, öylece, bu bulanık hale geri döneceksin. Yeni varlıkların şekil verileceği hammadde haline geleceksin. Bu doğal süreçte acı olacak mı? Hayır! Haz? Hayır! Şimdi, bunda korkacak bir şey var mı? Kesinlikle hayır! Ve hâlâ insanlar ahirette acıdan korunma umuduyla dünyada hazzı lanetliyorlar. Budalalar ölümden sonra acı ve hazzın varolamayacağını kavrayamıyorlar: kozmik anonimliğin hissizlik durumu var: bu nedenle, hayatın kuralı 'keyfine bakmak' olmalıdır!

§

İçinde olmasam bile etkileri sonsuza dek sürecek bir suç bulmak istiyorum, böylelikle hayatımın en küçük anında, hatta uykumda bile biraz kargaşaya sebep olmadığım bir an bile olmayacak. Ölümümden sonra bile etkileri hissedilecek şekilde genel bir yozlaşmayı veya bozulmayı tetikleyecek boyutta bir kargaşa

Hayatının en mutlu zamanlarını iyi değerlendir: bu zamanlar öyle kısa ki! Bu günleri iyi değerlendirerek yeteri kadar mutlu olursak, nefis anılar yaşlılığımızda bizi teselli etmeyi ve eğlendirmeyi sürdürür. Bunları kaybedersek? Can yakıcı pişmanlıklar, vicdan azapları bizi yakar ve ölüme yaklaştıkça yaşlılığın ıstıraplarıyla birleşip gözyaşları ve acıyla bizi çevreler.

§

Geçmiş beni cesaretlendirir, şimdi heyecanlandırır, gelecek içinse biraz korkum var; ve hayatımın kalanı için umudum, gençliğimin hovardalıklarından fersah fersah fazlasıyla geçmesi.

§

Özgürlük yolundaki kötülükleri tahmin etmek ailelerimizin abartısıdır; dikenler her yerdedir ama ahlâksızlık kariyerinde güller zirvededir; Doğa namusun çamurlu yolunda tek bir gül bile açtırmamıştır.

Bir kişinin hayatına kast eden kanun (idam cezası) uygulanamaz, adil değildir, kabul edilemez. Suçu asla önlememiştir -zira her gün darağacının dibinde ikinci bir suç işlenmektedir.

§

Kişi yeterli olana sahip olduğunda çok fazlasına sahip olmuş demektir.

§

...kişiyi Yaratıcı'sına bağlayan ve varoluşu için bu ulu sahibe duyduğu minnetini ibadet yoluyla kanıtlamaya mecbur tutan antlaşmaya din diyorsunuz, değil mi?

Farklılık ve çeşitlilik şehvetin en güçlü iki aracıdır.

§

Öldüğümüzde ölürüz. Dahası yok. Hayatın örümcek ağı bir kez koptu mu, insan gövdesi çürüyen bitkisel bir madde yığınından başka bir şey değildir. Solucanlar için ziyafet. Hepsi bu. Söylesene, ölümsüz bir kişi fikrinden, birisi öldüğünde diri kaldığı inancından, hayatı yavaşlayarak durduğunda, ruhunun –ya da adına her ne diyorsanız– uçtuğundan daha gülünç ne olabilir.

§

Ozanlarımızın dediği gibi, "Bir adam bir kadını sevdiğinde sevgilisini kınayabileceği bir şey duyduğunda ya da gördüğünde, ne kulaklarına ne de gözlerine inanmalı, yalnızca kalbini dinlemelidir."

...dünyada kötülüğe izin veren Tanrı'dır oysa kudreti bütün kötülükleri engelleyebilirdi.

§

Belâlarımı sadece diğerlerinin ahlâksızlıklarını taklit ederek kazandım.

§

Çok kötü bir kalpte biraz daha az ahlâksızlık, namusluluktur.

Hiçbir şey kişinin cezasız kalmış ilk suçu kadar cesaretlendirici olamaz.

§

Kanunlar bugün olduğu gibi kaldığı sürece biraz sağduyu kullanılmalı: genel görüş bizi buna zorlar; ama mahremiyet ve huzur içindeyken toplum içinde maruz bırakıldığımız o gaddar namusun acısını çıkartalım.

§

Çukur bir kez kapatıldı mı bölgenin tekrar yeşile dönmesi için üzerine palamutlar yayılmalıdır ve üzerinde yeniden yoğun bir çalılık oluşmalıdır, dünyanın yüzeyindeki mezarımın izleri kaybolmalıdır zira kendi güzellikleri içinde beni seven ve mezara kendimle birlikte tatlı bir anı olarak taşıdığım birkaç kişi dışındaki insanların zihinlerindeki benimle ilgili anıların kaybolacağına inanıyorum.

...iyilikseverlik ruhun gerçek bir erdemi olmaktan öte kibrin kusurudur; asla iyi bir şey yapma derdinde değildir, tek derdi gösterişle yardım eli uzatmaktır; kişi, bağışlanan sadakanın reklamı adamakıllı yapılmazsa epey öfkelenir.

§

Özgür bir varlık asla mülk edinilemez; tek başına bir kadına sahip olmak kölelerin mülkleştirilmesi kadar zalimcedir; bütün insanlar özgür doğar, hepsi eşit haklara sahiptir: bir cinsin diğerine tekelci biçimde sahip çıkma hakkı kesinlikle meşru bir hak olarak görülemez ve cinsiyetlerden ya da sınıflardan birinin diğerine asla keyfi olarak sahip olamayacağı ilkesini asla gözden kaçırmamalıyız.

§

...anlamadığım bir şey yüzünden, daha az anladığım bir şeyi kabul etmemi nasıl istersiniz?

...ve hepsinden öte yazıyı hayatını kazanmanın bir yolu olarak düşünmemelisin. Eğer düşünürsen, eserin sefaletinin kokusunu taşıyacaktır. Güçsüzlüğünle boyanacak ve açlığın kadar zayıf olacaktır. İlgilenebileceğin başka zanaatler var: kundura yap, kitap değil.

§

Şimdi felsefemin düğüm noktasına geldik: koşullara göre alınan haz suçlu şahıs tarafından arttırılıyorsa –eğer, gerçekten, alınan haz direkt olarak suçu kapsayan şiddetle orantılıysa– şu halde zevk veren ve görünürde zevkli olan, suçun kendisi değil midir – eylemi üretmek gerçekleştirmenin aracı olmaktan başka bir şey değildir?

Doğa'nın güdüleri, insanın başka bir insanı öldürmesinin kaynağıdır; bunu o öğütler ve diğerini yok eden insan, Doğa'nın gözünde veba veya açlıkla aynıdır, hepsi onun tarafından gönderilmiştir. Doğa, işlemesi için gereken temel materyalleri elde etmek için yok etmek adına tüm yollara başvurur.

§

Köle, efendisine alçakgönüllü olmanın erdemini telkin eder çünkü bir köle olarak buna ihtiyacı vardır; ama doğa ve arzuları tarafından yönlendirilen efendinin kendisine yarayan ve kendisini memnun eden şeyler dışındakilere kendisini adamasına gerek yoktur.

...hangi hükümetin yönetiminde olursa olsun, nüfus, yaşam imkânlarını aştığında toplum çürür.

§

...insan varoluşunun Doğa'nın karşı konulmaz düzeninden başka hiçbir şeye borçlu olmadığı, dünya üzerindeki varlığının dünyanın varlığı kadar geçmişe dayandığı ispat edilmişse, insan da meşe gibi, aslan gibi, bu dünyanın derinlerinde bulunan mineraller gibi, dünyanın varlığının nihai ürünüyse, varlığını kimseye borçlu değildir...

§

En büyük hazlar üstesinden gelinen tiksinçliklerden doğar.

...dürüst fikirli kişilerin o narin utancı, suçluların nefret dolu sarhoşluğundan çok farklı...

§

Bu canavar öyle devasa becerilerle donatılmış ki en geniş caddeler bile ona dar gelebilir.

§

Şimdi kalbini parçalayan ıstırabı, hazan içindeyken hoşlandığın yavan hazlarla telafi et? Bundan dolayı, mutluluk erdemdendir çocuğum ve onu küçük görenlerin bütün safsataları onun tatlarından basit bir tanesini bile veremez.

Uygarlığınızı tamamlarken nedenler değişti ama geleneklerinizi sürdürdünüz: insan kanına susamış tanrılara kurbanlar vermediniz ama bilgece olduğunu sandığınız kanunlarda önceden gelen alışkanlıklarınızı tatmin etmek için, aslında vazgeçemediğiniz o korkunç uygulamalarınızı koruma arzusuyla adalet maskesini takarak sahte gerekçeler buldunuz.

§

Bencillik her insanın yaptığı gibi bütün eylemlerinin önemli güdüsünü biçimlendirmesinin ardında yatar; bu kural beni asla aldatamadı.

§

Dini kıyımlar ve savaşlar nedeniyle 50 milyondan fazla kişinin hayatlarını kaybettiği tahmin ediliyor. Aralarında basit bir kuşun kanı kadar değeri olan bir kişi yok muydu?

"Ne kadar tuhaf olduğunu düşünürseniz düşünün, mutlak anlamda canice olabilecek tek bir eylem olmadığı gibi mutlak anlamda erdemli denilebilecek tek bir eylem de yoktur. Her şey bizim geleneklerimize ve içinde yaşadığımız iklime bağlıdır; burada suç olan şey yüz fersah daha aşağıda çoğu zaman erdem kabul edilir, bir başka yarımkürede erdem olarak görülen şey, tersine dönerek bizim için suç olabilir. Tek bir dehşet yoktur ki tanrısallaştırılmamış olsun, tıpkı gölge düşürülmemiş tek bir erdem olmaması gibi..."

§

Kendimizi evrenin en önde gelen yaratıkları sayarak, bu yüce yaratığın başına gelen her acının büyük bir suç olması gerektiğine ahmakça inandık...

§

Mutluluk amaçtır, hayal gücünün çalışmasıdır.

Savaştan daha ölümsüz oaln ne vardır?

§

Farklılık ve çeşitlilik şehvetin en güçlü iki aracıdır.

§

Birisi güvende olmadığı için ağlarken diğeri korkar, krallar bu yüzden zalimdir.

§

Duygusal aşırılık kişinin içindeki şefkati ortaya çıkartır.

Doğanın iki sesi vardır, bildiğiniz gibi birisi tüm gün emrederken diğeri o emirleri ayıplar.

§

Kavrayış ve inanç arasında doğrudan bağlar olmalı.

§

Bu kadar kolay değiştirebiliyorken, kaderinizden neden yakınırsınız?

§

Hiçbir hissin etkisi acının etkilerinin yanıltıcılığı kadar keskin ve etkin değildir.

Sandığınızın aksine, dünyada tamamen suçlu ya da tamamen erdemli sayılabilecek hiçbir eylem yoktur. Her şey alışkanlıklarımıza ve içinde yaşadığımız iklime bağlıdır; genelde burada suç olan şey buradan yüzlerce fersah ötede erdemdir; bizim içinse diğer yarım kürenin eylemleri suçtur. Kutsanmamış hiçbir dehşet olmadığı gibitahrip edilmemiş hiçbir erdem de yoktur. Bir eylemin övgüye ya da yergiye layık olup olmadığına yalnızca coğrafya karar verdiğinde, gülünç ya da uçarı duygulara pek önem vermeyiz, tersine, kendimizi bu duyguların üzerinde görürüz, bize haz verdiği için hor görülen hareketlerimiz karşısında başkalarının küçümsemesini çekinmeden kabul ederiz.

Mutluluk sadece heyecanlandıran şeydedir ve heyecanlandıran tek şey de günahtır.

§

Gerçek mutluluk hislerde yatar ve erdem bunlardan hiçbirini tatmin etmez.

§

İnsanı tercihlerinde özgür bırakmak onu kışkırtmaktır ve sonsuz güçleri sayesinde Tanrı, ortaya çıkacak sonucu gayet iyi biliyordu.

§

Biz canavarlar da gerekliyiz doğaya.

Şimdi bana bir insanoğlunu sırf var olduğu veya bana benzediği için sevip sevmeyeceğimi ve sadece bu nedenler için onu birden kendime tercih edip edemeyeceğimi söylemen için yalvarıyorum.

§

...üreme Doğa'nın amacı değildir; Doğa bu durumu yalnızca hoş görür ve ne kadar az çoğalırsak, bu onun niyetleri için daha uygundur.

§

Seks acı ve hazzın mükemmel bir birlikteliği olmalıdır. Bu simetri olmazsa, seks zevkten alışkanlığa dönüşür.

İlkelerinizi paylaşma hevesinin sizi sınırlarınızın ötesine geçmeniz için aklınızı çelmesine izin vermeyin.

§

Doğanın başlıca ve en güzel niteliği devinimdir.

§

Yok etme bilimi değilse nedir savaş? Alenen savaş tekniklerini öğretmek ve en hünerli katiller olduklarını kanıtlayanları madalyalarla ödüllendirmek tuhaf bir körlük değil midir?

Doğa'nın bizlere bahşettiği duyarlılığı israf etmeyelim: onu çoğaltmaktan çok, yok etmiş oluruz. Başkalarının dertlerinden bana ne! Bende yeterince dert varken başkalarınkine neden üzüleyim! Duyarlılığımızın ateşi hazlarımızdan başka bir şeyi yakmasın! Hazlarımıza yarar sağlayanlara karşı duyarlı olalım, geri kalanına ise asla ödün vermeyelim. Bu ruh halinin sonucunda bir çeşit zalimlik ortaya çıkar, ama bazen kendisiyle birlikte hazlarını da getirir. Kimse sadece kötü olamaz. Kötülüğün verdiği hazdan mahrum kaldığımızda, en azından, hiçbir zaman iyilik yapmamamızın verdiği yakıcı şeytanlıkla dengeleyelim.

İnsanların en şanslısı, aşırılıklarını tatmin edecek imkânları olandır.

§

Umut zavallı bir garibanın en hassas tarafıdır.

§

Bazı kişiler zor görünebilirler çünkü güçlü duygulara sahiptirler ve bazen sınırları epey zorlayabilirler; dikkat çeken kayıtsızlıkları ve acımasızlıkları aslında diğerlerinden daha güçlü görünmek için sadece kendilerinin bildiği bir yoldur.

Felsefenin kutsal ateşinin ruhumuzu bir anlığına aydınlatmasına izin verelim; kişisel nefretleri, intikam duygularını, savaşları, kısacası, cinayete sebep olan sonu gelmeyen nedenleri karşımıza çıkaran şey Doğa'nın sesinden başka ne olabilir? Bu, ölüm kusan eylemler konusunda bizi yüreklendirdiğine göre, Doğa'nın bunlara ihtiyacı var demektir.

§

Vahşilik, kötülük olmanın çok ötesinde, Doğa'nın içimize kattığı ilk duygudur.Çocuk akıl çağına gelmeden oyuncağını kırar, annesinin memesini ısırır, kuşunu boğazlar; daha önce de söylediğim gibi, Doğa'nın kanunlarının bizden çok daha net olarak görülebildiği hayvanlara vahşilik işlenmiştir; vahşet duygusu, Doğa'ya uygarlıktan daha yakın olan yabanîler arasında daha yaygındır; o halde vahşiliği ahlâksızlığın bir sonucu olarak görmek saçmadır.

Bu kadar kalabalık bir toplumun bir bireyinin eksik veya fazla olmasının ne önemi olabilir? Kanunları, gelenekleri, alışkanlıkları zarar mı görür? Toplumların üzerinde bir bireyin ölümü hiçbir zaman herhangi bir etki uyandırdı mı? En büyük savaşın kaybedilmesinin ardından, dünyanın yarısının, hatta tamamının yok olmasından sonra kurtulacak birkaç insan en ufak bir farklılık hisseder mi? Hayır, asla! Doğa da bundan fazlasını hissetmeyecektir ve insan soyunun tamamen ortadan kalkmasının peşisıra gezegenlerin hareket etmeye devam ettikleri görülünce her şeyin kendisi için yaratıldığına inanan insanın ahmakça kibri epey kafa karışıklığı yaratacaktır.

Erdemli oldukları söylenen kadınlara aldanma Eugénie. Onların tutkuları bizimkiyle bir değildir, onlar genellikle çok daha aşağılık olan tutkuları önemserler. Bu tutkular hırstır, kibirdir, kişisel çıkarlardır, çoğu zaman da onlara hiçbir biçimde yol göstermeyen bir yaradılışın soğukluğudur. Bu tür varlıklara saygı göstermeli miyiz, sorarım sana? Kendilerini sevmekten fazlasını becerebilmişler mi? Kendilerini tutkular yerine bencilliklerine kurban ettikleri için mi daha iyiler, daha akıllılar? Bence, sadece tutkularını dinleyenler daha haklıdır, diğerlerinden daha değerlidir, zira bu ses Doğa'nın biricik uzvuyken, öteki aptallığın ve önyargının sesidir.

§

...kalp yanılır, zira o, zihnin yanlış hesaplamalarının dışavurumundan başka bir şey değildir; zihni olgunlaştırın, kısa zamanda kalp de bunu kabullenecektir; akıl yürütmek istediğimizde bizi yanıltan şey hep yanlış tanımlamalardır; ben kalp nedir bilmem, bana göre o, zihnin zayıf tarafıdır.

Vahşet, uygarlığın henüz yok edemediği insanî bir güçtür: yani bir erdemdir, kötülük değil.

§

Yaptığımız hiçbir şey Doğa'yı doğrudan tahrip edemez. Tahripkâr eylemlerimiz ona yeni bir zindelik verir ve onun enerjisini arttırır ama hiçbir saldırımız gücünü zayıflatamaz.

§

Bir defa kafana sok benim budala ve pısırık arkadaşım, ahmakların insanîlik dedikleri, egoizm ve korkudan doğan zayıflıktan başka bir şey değildir; sadece zayıf insanları köleleştiren bu asılsız erdem karakterleri metanet, cesaret ve felsefe ile yoğrulmuş kişilere yabancıdır.

Devlete zararlı olan, bireylerin fikirleri ve ahlâksızlığı değil, daha ziyade kamuya mâl olmuş kişilerin davranışlarıdır.

§

Tüm anlaşmalar içinde insan türünün kendi rahatsızlığı ve yozlaşması için icat ettiği en dehşet verici, en tiksindirici olanı evlilik anlaşmasıdır.

§

Tüm zamanlarda, her yüzyılda, her çağda diktatörlükle din arasında son derece açık ve binlerce kez ispat edilmiş bir bağlantı vardır. Bunlardan birisine zarar verirseniz diğerini de baltalarsınız. Bu basit gerekçe nedeniyle birincisi yasaları daima ikincinin hizmetine verir.

Kuzuların sırtından geçinen kurtlar, kurtlar tarafından tüketilen kuzular, zayıfı kurban eden güçlü, güçlünün zayıf kurbanları: işte sana Doğa, işte onun amacı, işte onun tasarısı: daimi bir etki ve tepki, bir sürü meziyet, dünyada iyi ve kötünün eşitliğinden ortaya çıkan mükemmel bir denge.

§

Evrensel kullanım için uydurulmuş kanunlar genel çıkarlarla kişisel çıkarların karşıtlığı gibi kişisel çıkarlarla ebedî bir çatışma içindedir.

§

Sorunu günahkârlık açısından ele alınca, günahkârlık ki daima hazzın gerçek ve başat çekim alanıdır; suç kendi türünüzden olmayan birisinden çok kendi türünüzden olan birisine uygulandığında daha büyük görünür ve bu bir kez yaşandığında zevk kendiliğinden ikiye katlanır.

Bazı büyük fikirleri ertelemek üzereyim; sorgulanacaklar ve ölçülüp biçilecekler. Hepsi değilse bile bazıları elbette; sonra, bir bakıma, çağımızın ilerlemesine katkı yapmış ve doyum sağlamış olabilirim.

§

Bazı hazlar paylaşıldığında güçlerini yitirirler.

§

Aşırılık yapan insanlardan korkuyorsunuz –ne gülünç!

Garip zevkleri olanlar için üzülmelisiniz ama asla onları aşağılamamalısınız. Onların hatası Doğa'nın da hatasıdır; dünyaya bizimkilere benzemeyen eğilimlerle gelmiş olmaktan, çarpık bacaklı ya da güzel vücutlu gelmiş olmaktan tutulabileceklerinden daha fazla sorumlu tutulamazlar.

§

...izin verilen hazlarla, toplumsal engelleri ve bütün kuralları yıkmanın hayal edilemeyen, hararetli hazlarını karşılaştırmak mümkün müdür?

§

Gördüğümü yazıyorum, giyotine uzanan sonsuz sırayı. Hepimiz dizilmiş, bıçağın çatırtısını bekliyorduk... Ayaklarımızın altından akan kan ırmakları... Ben cehennemde bulundum genç adam, sen sadece onun hakkında yazılanları okudun.

Her ilke bir yargıdır, her yargı tecrübenin sonucudur ve tecrübe sadece algıların çalışmsıyla elde edilir.

§

Siyasete göre cinayet bir suç mudur? Tersine, ne yazık ki bunun, siyasetin en önemli ve en büyük araçlarından biri olduğunu itiraf etmeliyiz.

§

...Doğa kendi yasalarına hizmet eden kötülüğün telafisi olarak iyiyi arzular...

Afrika'daki, Asya'daki, Güney Avrupa'daki saraylara baktığınızda, buradaki ünlü haremlerin sahiplerinin aletleri kalktığında, zevk aldığı kişiye zevk vermeyi umursayıp umursamadıklarını fark edersiniz; onlar emreder diğerleri uygular, onlar zevk alır ve kimse karşılığını istemeye cesaret edemez; onlar tatmin olurlar ve diğerleri geri çekilir. Zevklerini paylaşma cesaretini gösterenler saygısızlık yapmış varsayılır ve cezalandırıldıkları dahi olur.

§

Bütün insanlığın mutluluğunun bir adamın hayal gücünde yattığını ve geçici heveslerini önemsemeden buna erişemeyeceğini hiçbir zaman gözden kaçırmayın.

İnsanın yargısının yanılmazlığı bana kanıtlanana dek idam cezasının kaldırılması için talepte bulunmalıyım.

§

Ahmakların batıl inançlarını reddeden mantıklı insan onların düşmanı haline gelir.

§

Doğa canlıları ölümsüzlükten mahrum ediyorsa, yok oluşları onun yasalarından birisidir.

Çoktan miyadı dolmuş ve çürümüş bir ulus cesurca monarşiden vazgeçip cumhuriyetçi bir yönetimi benimsediğinde ancak suç aracılığıyla ayakta durabilir; zira zaten suçludur ve suçtan erdeme ya da şiddetten barışçıllığa geçmek onu uyuşturur ve sonunda yok olur. Verimli bir topraktan sökülüp kuru ve bereketsiz bir toprağa dikilen ağaca ne olur? Bütün entelektüel düşünceler Doğa'nın fizyolojik işleyişine öyle yakından bağlıdır ki tarımla yapılacak karşılaştırmalar bizi ahlâk konularında hiçbir zaman yanılgıya düşürmez.

Türümüzün dünyaya çok gerekli olduğuna inanmak ve üremeye çalışmamayı yahut buna engel olan her şeyi suç saymak budalalıktır! Bu konuda uyanık olalım ki bizden daha mantıklı toplumların örnekleri hatalarımızı kabul etmemiz konusunda bizi ikna edebilsin.

§

Doğa'nın kendimiz yerine başkalarını seçmemizi söyleyen tek bir öğüdü var mı, herkes bu dünyada kendi başına değil mi?

§

Yaşlandıkça daha kusurlu olabilir kişi, daha az sevecen, başarıları daha az ses getiren.

Sadece ona katlanmak zorunda olanın içindeki isyanı ateşleyen doğru olmayan her cezalandırma, yasayı uygulamaya koyanları insanlığın, sağduyunun ve aklın gözünde daha suçlu, hatta cezaya çarptırılan kurbandan yüz kez daha suçlu hale getiren keyfî haysiyetsizliğin bir parçasıdır.

§

Bastırmak zorunda kaldığı arzularla tutuşan, cehennem ıstıraplarından daha kötülerinin içinde ailesinin hoşuna gitmeyi uman, mutsuzlukla geçirdiği gençliğinin ardından, olgunluk çağını da onlara kurban edecek, hiç istemeden, seveceği hiçbir neden bulamadığı ya da nefret edebileceği birçok nedene sahip olduğu bir kocayla evlenerek hayatını onların hain hırslarına feda edecek on beş veya on altı yaşında bir genç kızdan daha tuhaf bir şey var mı?

Çocuk sahibi olmayın: onlar kadınların vücutlarını deforme ediyor ve yirmi yıl sonra da bir düşmana dönüşüyorlar.

§

İyilerin sayısı kadar kötüler vardır, dünyanın devam eden dengesi kötüler kadar iyi insanların da varlığına ihtiyaç duyar.

Eğer bir Tanrı olsaydı, yeryüzünde daha az kötülük olacağını düşünüyorum. Burada kötülük varsa, bunun Tanrı iradesiyle olduğuna ya da kötülüğü önlemenin Tanrı'nın gücünü aştığına inanıyorum. Hain ya da zayıf bir Tanrı'dan korkamıyorum. Ona korkusuzca baş kaldırıyorum ve göndereceği yıldırımları hiç umursamıyorum.

§

Ona baktığımda insanı dizleri üzerine çöktüren, kendi ayakları üzerinde durmasına asla izin vermeyen zayıf bir yaratıktan başka ne görebilirim? Bu yaratık, kendisinden çıkan ne olursa, ona hükmediyor, onun nasıl suç işleyeceğini biliyor ve böylece sonsuz ıstırabı ona layık görüyor! Nasıl da zayıf bir yaratık şu Tanrı! Kendi suretinde bir adam yaratması mümkün değilken, nasıl gördüğümüz her şeyi o yaratmış olabilir?

Nasıl olur da durmadan zevk almamızı öğütleyen, içimize bundan başka güdü, başka ilham yerleştirmeyen Doğa bir süre sonra, eşssiz bir tutarsızlık örneği göstererek, başkalarına acı verdiği taktirde bu zevkten vazgeçmemizi salık verebilir?

§

Cumhuriyete dayalı bir sistemde aşırı nüfus artışının önüne geçmenin azamî derecede gerekli siyasî bir tutum olduğu yadsınamaz; aksi gerekçelerle, bir monarşide doğum oranlarının yükselmesi desteklenir, çünkü tiranlar köleleri arttıkça zenginleştiklerinden, doğal olarak daha fazla insana sahip olmayı isterler ama cumhuriyetle yönetilen bir devlette nüfus artışının bir hata olarak görüldüğünden asla kuşkulanmayın.

Sefanın içindeyken plan yapan insanların hayatla bağlarını acımasızca koparttığında ölüm, ve hayatın orta yerinde bu ölümcül andan asla endişlenmeden, sonsuza kadar var olacaklarmış gibi yaşarken insanlar, kendilerini bekleyen kaderden habersiz, ölümsüzlüğün karanlık

§

Mutluluk, hayal gücünün ürünü olan bir soyutlamadır. Bir duygulanım biçimidir ve tamamıyla bakma ve hissetme yöntemimize bağlıdır. İhtiyaçlarımızın karşılanması dışında insanların tamamını mutlu eden başka bir şey yoktur. Her gün komşusunu üzen bir durumdan mutlu olan bir insan görebiliyoruz. Bu yüzden mutluluğu garanti eden hiçbir şey yoktur. Sadece mevcut anayasamız ve felsefi ilkelerimizle şekillenen biçimde var olabilir.

Aşk nedir ki? Bence güzel bir nesnenin özelliklerinin bizim üzerimizdeki etkisinin sonucudur; bu etkiler bizi harekete geçirir, bizi alevlendirir; bu nesneye sahip olursak memnun oluruz, ona sahip olmamız mümkün değilse umutsuzluğa kapılırız. Ama bu duygunun temelinde ne vardır? Arzu. Bu duygunun sonrasında ne gelir? Delilik. Bu nedenle sadece amaca yönelerek etkilerinden korunalım. Amaç o nesneye sahip olmaktır: harika! Bunu başarmaya uğraşalım ama aklımızı kullanarak; ona sahip olur olmaz da ondan faydalanalım; aksi taktirde kendimizi teselli edelim: bu nesnenin binlerce benzeri, hatta genellikle daha iyisi bu kaybımız konusunda bizi teskin eder; her erkek, her kadın birbirine benzer: sağlıklı bir düşüncenin etkilerine direnebilecek tek bir aşk yoktur. Ah! Bizi bu hislerin sonuçları arasına gömüp, başka hiçbir şey görmeyecek hale getiren, sadece bu delice tapınılan nesneyle var olmamıza neden olan bu sarhoşluk ne büyük aptallıktır! Bu mudur yaşamak? Yaşamın bütün güzelliklerinden, kendi isteğimizle vazgeçmek değil midir bu?

Dünyadaki hiçbir şey gerçek değildir, övmeyi ya da kınamayı hak eden hiçbir şey, ödüllendirilmeyi ya da cezalandırılmayı hak eden hiçbir şey, burada yasaya aykırı ve beş yüz fersah ötede tamamen yasal olan hiçbir şey; bir başka deyişle, değişmeyen evrensel doğruluk diye bir şey yoktur.

§

XV. Louis nedensiz yere birini öldüren Charolais isimli bir adama, "Sizi affediyorum," demişti, "ama sizi öldürecek kişiyi de affedeceğim." Cinayete karşı çıkartılacak bütün kanunların temelinde bu yüce ilke olmalıdır.

Doğa'nın isteklerine kendini bırakma tutumu tutsak bir halkın gözünde suç olsa da, özgür bir halkın gözünde asla suç değildir.

§

...erdem bir kuruntudur.

§

...insanı insan yapan yönetilme biçimidir.

Asya'nın bilinmeyen bir köşesinde isteklerini bildirmek, en ikiyüzlü ve en batıl inançlı insanları mürit, en alçak, en gülünç ve en düzenbaz işçileri temsilci olarak seçmek, mesajı öyle bir karıştırmak ki anlaşılmasını imkânsız kılmak, mesajı sadece küçük bir grup insana öğretip kalan herkesi karanlığa terk etmek ve karanlıkta kaldıkları için de onları cezalandırmak... Hayır, Therese, hayır, hayır, bunun gibi gaddarlıklar bizim kılavuzumuz olamaz. Bunlara inanmaktansa bin kez ölmeyi yeğlerim. Ateizm şehitler istediğinde, onları seçelim ve kanım akmaya hazır.

...erdemin güzel hazlarını reddedenler veya karşı çıkanlar, bunu sadece diğerlerini kendileri kadar suçlu ve mutsuz yapmanın zalimce zevkinden ve kıskançlıktan yaparlar, emin olun. Kördürler ve herkesin de kör olmasını isterler, yanılmışlardır ve herkesin de yanılmasını isterler; ama kalplerinin derinliklerini görebilirseniz sadece keder ve pişmanlık bulursunuz; bütün bu suç havarileri sadece kötü ve çaresiz insanlardır; aralarında zehirli sözcüklerine veya tehlikeli yazılarına sadece tutkularının yön vermediğini dürüstçe söyleyecek samimi bir insan bulamazsınız. Ve doğrusu, kim soğukkanlılıkla ahlâkın temellerinin risk alınmadan sarsılabileceğini söyleyebilir? Kim iyilik yapmanın ve iyiyi arzulamanın insanoğlunun temel amacı olmadığını savunabilir? Ve sadece kötülük yapan bir insan, en güçlü kaygısının iyiliğin çoğalması olan bir toplumda mutlu olmayı nasıl ümit edebilir?

...bu dünyada gerçekleştirmek için iki ya da üç suç var ve bir kez işlendikten sonra üzülmenin anlamı kalmaz; kalanın tamamı değersizdir, artık duyumsamayı kesersin.

§

Bütün değişimler insanların hoşuna gider. İmparatorların despotluğundan bıktıklarında, bir devrime ihtiyaç olur.